Aprendendo com
DEUS

Elias Eloy

Aprendendo com
DEUS

São Paulo 2011

Copyright © 2011 by Elias Eloy

PRODUÇÃO EDITORIAL	Equipe Ágape
EDITORAÇÃO	Magno Paganelli
CAPA	Carlos Eduardo Gomes
REVISÃO	Eliane Delgado Caputo
	Patricia Murari

Texto de acordo com as normas do Novo Acordo Ortográfico da Língua Portuguesa (Decreto Legislativo nº 54, de 1995)

Dados Internacionais de Catalogação na Publicação (CIP)
(Câmara Brasileira do Livro, SP, Brasil)

Eloy, Elias
   Aprendendo com Deus / Elias Eloy. -- São Paulo, SP: Ágape, 2011.

   1. Conduta de vida 2. Deus – Amor 3. Deus – Ensinamento bíblicos 4. Vida crisã 5. Vida espiritual I. Título

11-11703   CDD-248.4

Índices para catálogo sistemático:
1. Conduta de vida: Vida cristã: Cristianismo   248.4

2011
Publicado com autorização. Nenhuma parte desta publicação pode ser reproduzida sem a devida autorização da Editora.
EDITORA ÁGAPE
Al. Araguaia, 2190 - 11º andar – Conj. 1112
CEP 06455-000 - Barueri - SP
Tel. (11) 3699-7107 Fax. (11) 2321-5099
www.editoraagape.com.br

Dedico este livro a todos aqueles que, em meio a lutas e sofrimentos, buscam entender o que Deus gostaria que eles entendessem, buscam aprender o que Deus gostaria que eles aprendessem. Não existe luta sem propósito. Não existe vitória sem luta.

A meu filho Nicolas,
instrumento de Deus para que eu me
tornasse cada vez mais forte
e presente diante de Deus.

À minha querida mãe,
exemplo de vida e perseverança
em toda minha vida.

Gostaria de agradecer o apoio e suporte recebido de meus amados pastores Eder, Árlen e Pra. Dailva e ao amigo Pr. Enoque e de toda minha família, principalmente pelo apoio e palavras encorajadoras de minha amada esposa Jane, um presente maravilhoso de Deus e uma clara demonstração do quanto Deus me ama.

Sumário

Introdução 15

Por que aprender com Deus? 19

No deserto com Deus 25

No vale com Deus 29

No cativeiro com Deus 35

Na tempestade com Deus 45

Cumprindo a vontade de Deus 51

Enfrentando lutas sozinho 59

Vencedores sem vitória 67

Conclusão 73

Introdução

A primeira coisa que eu gostaria de dizer é que este não é um livro de autoajuda! Caso seja este tipo de literatura que você esteja precisando no momento, melhor buscar em outro livro. Não que eu não dê valor a livros com este cunho, mas esta não é minha intenção aqui.

O que pretendo aqui é mostrar que podemos tirar ensinamentos de todas as situações, principalmente dos problemas ou situações de extrema luta.

O que há em comum em cada problema enfrentado pelos servos de Deus que encontramos na Bíblia é que, por mais difícil que possa parecer uma situação ela sempre poderá ser encarada como uma oportunidade de aprendizagem. Basta você estudar um pouco a Bíblia e verá que o que estou dizendo aqui é a realidade. Deus possui uma maneira muito particular de nos fazer crescer, aprender algo novo ou simplesmente nos preparar para uma situação que ocorrerá no futuro e necessitaremos de algum preparo ou conhecimento que ainda não possuímos.

Entender esta sistemática de ensino de Deus é meu desejo com este livro. Não que eu tenha a pretensão de dar uma palavra final na questão do sofrimento humano, seus motivos e suas possibilidades. Tenho consciência que não tenho esta capacidade, mas através de uma orientação recebida do próprio Deus eu quero tentar fazer com que você seja capaz de enxergar uma luz em meio ao teu sofrimento, mesmo que pequena.

Quando converso com as pessoas, procuro sempre descobrir o que elas já viveram no passado, suas experiências de vida e o que elas aprenderam ou tiraram de uma situação ruim. A grande maioria tende sempre a compartilhar dos problemas que enfrentou. Não sei lhe explicar por que isto ocorre, mas as pessoas possuem facilidade em compartilhar com os outros mais as situações ruins do que as boas que enfrentaram.

É muito difícil ouvir uma pessoa contar a respeito de problemas ou sofrimentos. Alguns enfrentaram problemas enormes, saíram destas situações mutiladas como um soldado ferido gravemente em uma batalha, mas continuam vivos, embora alguns deles não se deem conta deste fato. Às vezes o sofrimento foi tão intenso que a pessoa nos parece como que se preferisse ter morrido, não conseguindo perceber a felicidade que é estar vivo.

Minha oração é para que Deus lhe abra os olhos e lhe faça entender que amar a Deus é a coisa mais importante, mesmo que tudo à sua volta pareça desmoronar.

Boa leitura.

Por que aprender com Deus?

Por mais que você possa estranhar uma pergunta destas já no início do livro eu vou tentar te explicar.

O ser humano está em um processo de aprendizagem contínuo desde o seu nascimento. Uma criança não faz outra coisa a não ser aprender e aprender, sua mente é como uma folha em branco aonde se escreve os conhecimentos e experiências. À medida que crescemos vivenciamos novas experiências e continuamos a aprender. Este é um processo que se inicia quando nascemos e termina somente com nossa morte.

Aprender com Deus é importante porque ninguém tem mais a nos ensinar do que Ele. Ninguém pode nos fazer vivenciar mais coisas que precisamos do que Deus, Ele nos criou e somente Ele sabe do que precisamos muito antes que nós mesmos tenhamos consciência da necessidade.

Deus é capaz de te levar a diversas situações e lugares para te ensinar alguma coisa que você precise aprender. Apenas não tente aprender matemática ou lógica com Deus, este não é o forte de Deus.

Veja a passagem de Mateus 14:16 onde Jesus diz aos discípulos para alimentarem a uma multidão de cinco mil homens além de mulheres e crianças com, apenas, cinco pães e dois peixes. Ou talvez lhe sirva como exemplo a ordem que Ele deu a Moisés para que batesse com o cajado na pedra para que saísse água para que o povo de Israel, uma multidão de aproximadamente três milhões de pessoas, saciasse sua sede. Pode existir alguma lógica em rodear uma cidade por sete dias sem dizer uma palavra ou tocar uma trombeta para que muralhas venham ao chão? Seria lógico sair com trezentos homens para enfrentar um exército de milhares, existiria alguma possibilidade de vitória? Lógico mesmo é fazer barro, colocar nos olhos de um cego e mandar que ele lave para que volte a ver, será? Ora, qualquer um sabe que estas são coisas impossíveis!

Claro que não eram impossíveis para Deus.

O problema de se aprender com Deus é que, pode ser que Ele te diga alguma coisa sem lógica como disse para os discípulos: "Dai-lhes vós de comer" ou faça como fez com Abraão: "Vai-te a uma terra que eu te mostrarei". Existem situações, nas quais Deus é esclarecedor, porém na grande maioria Ele quer ver a tua fé e, para isso, não será possível dizer muita coisa.

Isso é o que chamamos fé. Obedecer a Deus sem saber de muita coisa, fazer o que Ele nos manda com pouca informação disponível, seguir por um caminho do qual não se sabe praticamente nada, abandonar uma zona de conforto e partir em uma viagem sem lógica em outra direção. Eu não sei o que Deus tem pedido a você ou o que Ele irá pedir à medida que você cresce em seu relacionamento com Ele, mas de uma coisa eu sei, obedecer a Deus e fazer a vontade d'Ele é sempre uma ótima decisão, mesmo quando todo mundo olha e pensa que você está ficando louco como aconteceu com Noé.

O caminho que Deus tem para nós nem sempre é o mais plano ou mais tranquilo, mas com certeza, é um caminho de grandes possibilidades de aprendizagem e crescimento. A vontade de Deus é sempre te fazer ir mais longe, onde ninguém foi ainda, é te fazer alcançar o que ninguém alcançou, atingir metas que ninguém atingiu. Você precisa acreditar que sem Deus você jamais será capaz de realizar o que poderá realizar se você estiver debaixo da vontade d'Ele, com Deus você pode realizar muito mais do que, sequer, você seja capaz de imaginar. Submeter-te à prova e sentir-se feliz com a tua decisão de fidelidade a Ele acima de qualquer coisa.

Deus tem ótimos locais onde nos leva para que possamos aprender alguma coisa. Em nosso dia a dia, Deus sempre está nos mostrando coisas que podemos aproveitar para nosso crescimento, apenas quando precisamos de um treinamento intensivo Ele nos leva às Suas melhores salas de aula, os locais prediletos onde Ele gosta de nos levar para que possamos aprender mais d'Ele. Se você ainda não frequentou as aulas de Deus nestes locais, precisa ver que maravilha.

É lindo poder conhecer pessoas que passaram por estes locais e hoje possuem uma gama de conhecimentos enorme para compartilharem, estão mais maduras e mais cônscias de sua responsabilidade no reino de Deus, sabendo que, se não agirem de acordo com a vontade soberana de Deus, Ele irá levá-las de novo a um curso intensivo em Seus locais prediletos.

Vemos por diversas vezes na Bíblia que Deus leva pessoas para lugares estranhos para lhes ensinar a valorizar melhor suas vidas e seus relacionamentos com Ele. Primeiramente Deus nos oferece sempre a possibilidade de crescimento sem necessidade de sofrimento, mas nem sempre esta é a nossa escolha. Na maioria das vezes temos que passar por períodos de provas para aprendermos a viver de acordo com a vontade do Criador.

O profeta Isaías, ao falar de como o Senhor ensina o lavrador em sua função de trabalhar a terra, encerra o capítulo 28 de seu livro dizendo uma coisa maravilhosa sobre Deus. O verso 29 diz que *"Toda essa sabedoria do lavrador vem do Senhor do Universo. Ele é um professor maravilhoso!"*.

É com este professor maravilhoso que eu te convido a caminhar. Aprender com Deus pode ser difícil, mas o conhecimento adquirido jamais lhe abandonará. Salomão, rei conhecido como o mais sábio que já pisou na face da terra, entendeu que o maior bem da vida é conhecer e amar ao Senhor. Nada mais importa se você não aprender isso. Todo o resto é coisa vã.

No deserto com Deus

A primeira sala de aula de Deus que vamos conhecer é o deserto. Deus gosta muito de fazer seu povo caminhar pelo deserto para lhes ensinar as coisas.

A primeira referência a deserto que encontramos na Bíblia é em Gênesis 14:6. Neste texto vemos que diversos reis se reúnem após a separação de Ló e Abraão e atacam as cidades de Sodoma e Gomorra fazendo Ló prisioneiro e tomando todo o povo e seus bens. Quando Abraão fica sabendo ele reúne trezentos e dezoito homens para lutar contra aqueles reis e seus exércitos. Após liberar a Ló e a todo o povo e recuperar todos os bens, Melquisedeque aparece para sacrificar a Deus ali no deserto. Abraão entrega o dízimo de tudo e o rei de Sodoma lhe diz para que fique com todos os bens recuperados na guerra. Abraão lhe ensina então que confiava apenas no Senhor para lhe fazer prosperar e não desejava que o rei dissesse no futuro que Abraão havia enriquecido por sua causa. Aquela era uma oportunidade para que Abraão testemunhasse a um rei de sua fé em Deus. No processo de aprendizagem é o que ocorre, Deus te dá experiências para que você possa contar o que você aprendeu com Ele a outras pessoas, quer seja diante de pessoas comuns ou até reis e governantes.

Devemos aprender que Deus não nos leva ao deserto sem que haja um motivo. Sempre que isso acontece é porque precisamos aprender algo ou ensinar algo a alguém, devemos aproveitar as oportunidades, estar atentos.

Abraão foi uma das pessoas que mais trilhou pelo deserto em toda a Bíblia, por isso aprendeu tanto de Deus e conseguiu ser tão íntimo do Criador.

Quando o povo de Israel esteve caminhando pelo deserto, Deus deu-lhes grandes oportunidades de aprender e crescer, mas por causa da dureza dos corações, eles perderam a oportunidade mesmo após diversas maravilhas realizadas por Deus naquela sala de aula; eles ignoraram, não deram ouvidos e foram reprovados no final. Foram incapazes de perceber que Deus é o único Deus, buscaram imagens para adorar, ídolos a quem pudessem levantar clamor, em vez de buscar ao Deus que lhes abriu o mar vermelho, que lhes mandou o maná, que mandou nuvem para proteger do calor e coluna de fogo para lhes aquecer nas noites frias do deserto.

Apesar de todas as maravilhas realizadas por Deus eles foram incapazes de confiar unicamente em Deus, foram rejeitados e reprovados. Não chegaram à etapa seguinte. Ficaram pelo caminho como Judas, que deixou de ser contado entre os doze e seu trabalho foi entregue para outro fazer.

Infelizmente isso acontece mais frequentemente do que se imagina. Muitas pessoas têm começado bem seu caminho com Deus, porém são como a semente que foi lançada onde a terra era pouca. Crescem rapidamente, porém não criam raízes profundas e logo nas primeiras dificuldades abandonam a fé em Deus, logo se esquecem dos momentos em que foram confortados e livrados milagrosamente pelo Senhor. É muito triste encontrar pessoas assim! Pessoas que antes serviam a Deus com dedicação, mas ao enfrentarem as primeiras aulas de crescimento são incapazes de entender o trabalhar de Deus e preferem abandonar o processo de aprendizagem, permanecendo ignorantes quanto às coisas do Senhor, conhecendo pouco de Deus, desejando pouco de Deus e terminam mortas no deserto, jamais chegando à plenitude do conhecimento de Deus, jamais alcançando tudo o que Deus tinha reservado para elas.

Deus tem bênçãos maravilhosas para você, mas é preciso que você não desanime se vierem lutas, não procure um culpado, não jogue a culpa em quem não tem nada a ver com o teu sofrimento, mas gaste o teu tempo de sofrimento para se aproximar de Deus, pode ser que você se aproxime o suficiente para repousar a cabeça no ombro de Deus e receba o abraço que você tanto deseja.

Foi no deserto, dentro de uma cova que José pôde exercitar sua fé em Deus, sendo preparado para aquilo que estava por enfrentar no Egito. Em uma situação normal José jamais aprenderia o necessário, teve que passar pelo deserto e depois, por uma prisão para que, finalmente, fosse liberado para a bênção de ser o segundo homem no maior reino existente no mundo em sua época.

No capítulo 3 do livro de Êxodo, Deus leva Moisés ao deserto para que ele pudesse contemplar todo o poder do grande Eu Sou. Ali ele conheceu a Deus e foi também no deserto que Deus aproveitou para se aproximar cada vez mais de Moisés ao ponto de falar com ele face a face como qualquer um fala com seu amigo.

"E logo o Espírito o impeliu para o deserto." (Marcos 1:12, Bíblia Viva)

Até mesmo Jesus foi levado por Deus ao deserto para que aprimorasse mais ainda seu relacionamento com o Pai. Foi ali no deserto que o nosso salvador se manteve em estreito contato com o Pai e venceu as palavras de satanás que havia lançado contra Ele.

"Em viagens muitas vezes, em perigos de rios, em perigos de salteadores, em perigos dos da minha nação, em perigos dos gentios, em perigos na cidade, em perigos no deserto, em perigos no mar, em perigos entre os falsos irmãos" (II Coríntios 11:26, Bíblia Viva).

Paulo também teve seus dias de deserto, enfrentando perigos incontáveis para que crescesse em seu relacionamento com Deus e estivesse cada dia mais apto para o trabalho que tinha que realizar.

No vale com Deus

Igualmente ao deserto, o vale é um local onde Deus gosta de levar os seus quando quer lhes ensinar alguma coisa.

Um exemplo que temos na Bíblia sobre uma pessoa que andou pelo vale foi Noemi. O livro de Rute relata a história desta mulher que, durante um período de grande fome, acompanhou seu marido Elimeleque indo morar nas terras de Moabe.

Após a morte de Elimeleque, Noemi teve também a perda de seus dois filhos, ficando sozinha com suas noras Rute e Orfa. Apesar de pertencer ao povo de Israel e certamente conhecer dos milagres que Deus havia feito pelo seu povo Noemi, cujo nome significa feliz, perdeu completamente sua confiança em Deus. Sua perda não foi somente física ou financeira, foi também espiritual, perdeu sua capacidade de confiar em Deus, perdeu a esperança.

Decidiu então voltar para Israel, ao povo que a reconheceu, pediu que não mais a chamasse Noemi, antes a chamasse Mara, que significa amarga. Noemi olhava para Deus como aquele que lutava contra ela em vez de vê-lo como aquele que lutava por ela; aceitou precocemente a derrota em sua vida e passou a delimitar o poder de Deus, perdendo a esperança de que um milagre pudesse acontecer.

Podemos ver em Rute 4:13-17, as bênçãos maravilhosas que Deus tinha reservado para ela, de amarga e completamente sem esperança de que Deus mudasse a sua história, Noemi termina como uma mulher importante na árvore genealógica do Rei Davi e, consequentemente, de Jesus Cristo, já que Rute lhe era como filha.

Josué 7 conta a punição dada por Deus a Acã por haver descumprido uma ordem direta que o Senhor havia dado de não tomar nada dentre os despojos após a batalha contra Jericó. Deus havia derrotado completamente a cidade após uma atitude ousada de seu povo, marchando durante sete dias em volta da cidade sem dizer uma única palavra. Logo após esta vitória Josué amaldiçoou a cidade que jamais deveria ser reconstruída, porém desta cidade amaldiçoada Acã achou que poderia tirar algo para si. Atraiu o pecado para dentro do povo de Deus e por isso foi conduzido ao vale chamado Acor que significa perturbação. Ali naquele vale o povo de Deus aprendeu que jamais deveria descumprir uma determinação de Deus porque, fazendo isso estariam atraindo para si as maldições do descumprimento daquela vontade soberana de Deus.

Ali naquele vale de perturbação, Acã, toda a sua família e todos os seus bens foram apedrejados e queimados, para que o pecado fosse definitivamente afastado do meio do povo de Deus.

Devemos entender que, cada vez que uma pessoa passa pelo vale sem saber enfrentar da maneira correta o sofrimento, o que acontece faz mal a muita gente. Quando você sofre, sofrem também os que lhe amam, enquanto você continuar encarando o sofrimento como uma derrota definitiva, você não será o único derrotado, a derrota que você se impõe você também o faz sobre muitos outros.

Infelizmente hoje temos visto várias igrejas aceitando pecados escondidos no meio do povo, várias coisas que o mundo conhece abertamente e a igreja pensa que pode enganar a Deus e continuar recebendo as bênçãos sem que sejam cobrados por isso. Esquecem-se de que as promessas de bênçãos de Deus vêm sempre acompanhadas de uma tarefa que deve ser executada pelo seu povo.

Deus não tem compromisso com aqueles que não têm compromisso com Ele. Não podemos pensar que teremos as bênçãos sem cumprirmos a vontade de Deus para que possamos tê-las.

Deus cumpre as promessas de bênçãos, porém também cumpre as promessas de maldição. O povo de Deus sofreu grande derrota por causa do pecado escondido de Acá. Hoje também temos igrejas sendo amargamente derrotadas pelo mundo por causa de pecados escondidos. Estamos perdendo as oportunidades de aprendizado. Pessoas que perturbam a igreja, só sabem falar mal da liderança, dos levitas e dos pastores, fazem grupinhos para criticar este ou aquele.

Vale da perturbação é para extirpar os perturbadores, sem piedade.

Servimos a um Deus santo e que não aceitou nem aceitará jamais que um povo imundo e cheio de pecados continue na Sua presença.

Josué 7:26 diz: *"E levantaram sobre ele um grande montão de pedras, até o dia de hoje; assim o SENHOR se apartou do ardor da sua ira"*.

Já em Josué 8:27 vemos: *"Tão somente os israelitas tomaram para si o gado e os despojos da cidade, conforme a palavra do SENHOR, que tinha ordenado a Josué"*.

Passaram pelo vale da perturbação e eliminaram completamente o pecado do meio deles, somente assim puderam ver a vitória completa sobre o povo de Ai. Eles entenderam que somente poderiam tirar dos despojos aquilo que Deus permitisse. Aprenderam e foram abençoados em vez de amaldiçoados.

O livro de Neemias conta o retorno de uma parte do povo que estava em cativeiro para que pudessem reconstruir os muros de Jerusalém. No capítulo 6 Sambalate,

Tobias, Gesem e outros tentavam enganar o povo para que não reconstruíssem os muros. Engraçado é que chamavam Neemias para descer a eles no vale.

Para Neemias o vale representava perigo, lugar onde teria sua atenção desviada da obra que o Senhor lhe tinha dado a fazer. Neemias só conseguiu se livrar do mal que intentavam contra ele porque sabia que a obra que tinha a fazer era grande demais para andar pelo vale.

Crente quando tem consciência de que a obra a ser feita para Deus é grande, é assim mesmo, não tem tempo para andar pelo vale, para ser tentado. Se dispõe a trabalhar para Deus e cumprir tudo aquilo que o Senhor levantou para que ele fizesse.

Nada podia desviar a atenção de Neemias e ele não se deixou levar pelos inúmeros convites que recebeu. A obra era grande demais, importante demais.

No cativeiro com Deus

E estando Ezequiel no cativeiro, o Senhor o tomou em espírito, entrou nele o espírito do Senhor Deus Todo-Poderoso que o ungiu e o capacitou para levar a mensagem de Deus. Não importava a condição de cativo de Ezequiel, quando Deus derrama do Seu espírito não há como o homem permanecer cativo, não existe coisa alguma que possa manter o homem em cativeiro.

Ezequiel foi capacitado a levar a mensagem de Deus mesmo em cativeiro, mesmo em uma situação de sofrimento. Eis que se dispôs a fazer conforme o Senhor o mandava. Deus não o libertou do cativeiro, mas usou-o ali mesmo em meio àquela situação.

A mesma palavra tem sido recebida por muitos e o que Deus diz continua tendo o mesmo valor. Ezequiel não deveria temer o homem nem suas palavras porque o poder de Deus é muito maior que qualquer palavra que possa ser lançada contra o servo de Deus. Nada do que intentar o homem terá sucesso, mas servirá apenas para mostrar como Deus é poderoso em capacitar e livrar seu servo quando este se dispõe a fazer a vontade de Deus.

O mal certamente se levantará contra ti, mas com a mesma velocidade cairá porque Deus é infinitamente maior, por isso não tenha medo de fazer a vontade de Deus, não tenha medo de se colocar na fresta, de pôr a mão no arado. Saiba que o teu Deus é imensamente maior.

Jeremias 1:7-8 diz: "*porque você irá onde Eu mandar e falará tudo o que Eu disser. Você não precisa ter medo de pessoa alguma porque Eu, o Senhor, estarei ao seu lado, e o livrarei do mal*".

Genesis 41 fala um pouco mais daquilo que viveu José em seu cativeiro no Egito, durante uma parte de seu cativeiro José esteve até na prisão. Hoje temos muitas pessoas que estão jogadas nas prisões, esquecidas, moídas, abandonadas, prisões das mais variadas. Aguardando por alguém que se lembre deles, que se recordem que um dia receberam uma palavra boa. Mas nada!

Dois anos se passaram. Dias e noites de choros. José se lembrava dos dias em que não estava no cativeiro. Ah!

Como era bom! Era o filho preferido, o mais amado, recebia os melhores presentes, mas agora nada, só abandono. Nem aquele a quem ele trouxe palavras de consolo se lembrava mais dele. Agora José nem sonhava mais. Aquele que antes era considerado como um jovem sonhador, um visionário.

Pode ser que você se encontre em uma condição assim, jogado, abandonado, esquecido por todos em meio ao seu cativeiro sem entender nada, nem sonhos você tem, nenhum anseio você alimenta. Chegou a hora de alguém muito maior do que você sonhar para você e Deus levantou a Faraó para que sonhasse já que José estava desanimado demais para sonhar naquele momento.

Em Gênesis 41:9 Deus incomoda o copeiro para que se lembre da promessa que havia feito a José na prisão. Em meio ao seu pecado o copeiro se lembrou de José e relatou como José havia interpretado o seu sonho na prisão. Para José não havia sentido algum estar na prisão, sentia-se completamente injustiçado, afinal ele era servo de Potifar, capitão da guarda de faraó, e não havia feito nada de errado, não merecia estar ali na prisão. Mas Deus sonhava outros sonhos para José, o que Deus tinha para a vida de José era infinitamente maior do que ele podia imaginar naquele momento de tristeza.

Não pense que as promessas que lhe fizeram serão esquecidas, Deus não se deixa escarnecer e não deixa que seus servos sejam joguetes continuamente nas mãos de satanás. Chegará o momento em que o Senhor irá trabalhar o que for preciso, mover céus e terra para que se cumpra a

Sua vontade soberana. Um dia lhe prometeram uma bênção, pois saiba que este dia chegará, não importa o quanto dure a tua espera, saiba que o teu dia chegará, que o teu Deus se lembrará de ti e das promessas de bênçãos que lhe fez, porque quem lhe prometeu as bênçãos não foi o ímpio, não foi o copeiro, ele será apenas canal por onde as bênçãos de Deus virão, dele sim virão as maiores e melhores bênçãos para sua vida, mesmo que tua espera dure dois longos anos, mas quando o seu dia chegar cumpra os passos de José:

1 - saiba que o Senhor o chamará no seu cativeiro e esteja atento para perceber quando o Senhor o chamar;

2 - esteja pronto para sair do teu cativeiro porque você não irá fugir, as portas serão abertas para que você possa sair;

3 - prepare-se para se encontrar com as maiores autoridades, pois Deus irá te exaltar muito além do que você imagina;

4 - troque suas vestes, pois aonde você vai, vestes de cativo não são aceitas. Você é servo de Deus e ele te fará usar vestes de governante. Cativo nunca mais.

Foi aí que Deus se levantou para libertar Seu servo do cativeiro. Mas para que José chegasse à presença do rei ele teve que se preparar, mesmo em meio ao cativeiro o rei não queria o pior, ele era o rei.

Quando José interpretou os sonhos de faraó, o que mais lhe impressionou foi ouvir da boca de um cativo as palavras: "isto não está em mim, Deus dará a resposta", reconhecendo que nenhuma glória deveria caber a ele. Ah! Como é bom quando o homem de Deus sabe reconhecer que depende de Deus em qualquer situação seja no cativeiro, seja para estar na presença de reis, seja para ser elevado à condição não mais de servo do capitão da guarda de faraó, mas servo de faraó, ou à condição de segundo homem mais importante na nação mais poderosa do mundo.

E esta foi a condição final de José, porque ele soube confiar em Deus e creditar antecipadamente qualquer glória ao Todo-Poderoso. Somente quando você passar a fazer isso em sua vida é que você será bem sucedido, pois Deus odeia os soberbos, só Ele exalta, Ele é quem humilha, pois Ele tem propósitos em tudo debaixo dos céus, nada em sua vida acontece por acaso. Saiba que você não está passando pelo cativeiro por acaso, alguma intenção Deus tem com o seu cativeiro. Milhões de pessoas foram abençoadas com o cativeiro de um só homem, José, e Deus poderá usar seu cativeiro para abençoar a muitos também.

Não lamente se você está passando pelos seus dois anos de silêncio na prisão ou na cova, Deus tem um propósito nisso também, a Seu tempo Ele te exaltará.

Gênesis 41:40 Faraó declara a José: "Tu estarás sobre a minha casa, e por tua boca se governará todo o meu povo, somente no trono eu serei maior que tu".

O capítulo 1 do livro de Esdras conta uma história incrível. Fala do Rei Ciro, então soberano do reino da Pérsia, o reino mais poderoso da terra no momento em que Ciro governava.

Em um momento de extrema intimidade com Deus, Ciro manda publicar um edito no qual declara: *"Ciro, rei da Pérsia, por meio desta anuncia que o Senhor, o Deus do céu, que me deu este vasto império, agora me encarregou de construir para ele um templo em Jerusalém, na terra de Judá.*

Todos os judeus residentes neste reino podem agora voltar a Jerusalém para reconstruir este templo do Senhor, que é o Deus de Israel e de Jerusalém." (Esdras 1:2-3, Bíblia Viva).

Além de declarar que somente tinha o reinado nas mãos pela bondade do Senhor, Ciro abre completamente as portas do reino para qualquer judeu que desejasse voltar a Jerusalém, e ainda diz que desejava que as bênçãos de Deus estivessem com os judeus.

Lembre-se de que, naquele momento, os judeus estavam em cativeiro por causa de seus pecados. Eles mereciam estar ali, foram avisados por Jeremias insistentemente, mas não deram ouvidos. Mesmo assim Deus usa de misericórdia para com eles, abre as portas para que eles possam sair do cativeiro sem nenhuma luta, os judeus que optaram por continuar vivendo na Pérsia deram presentes para que eles pudessem reconstruir o templo e, até mesmo o rei Ciro os presenteou. Ao todo eles saíram do cativeiro com 5.469 objetos de ouro e prata.

Ah, como é belo ler uma coisa dessas. Você precisa entender que jamais sairá do cativeiro como você entrou. Quando o povo de Israel foi para o cativeiro, eles foram como famintos necessitando de pão para se alimentar em meio a uma terra que estava sem alimentos, apenas umas poucas pessoas. Porém quando saíram de lá eram quase três milhões de pessoas com muito gado, roupas e artigos de ouro e prata. Agora, a mesma coisa ocorre com Israel quando sai do cativeiro, liberado por Deus por meio de Ciro.

Alegre-se. Mesmo que você esteja no cativeiro agora, quando você sair, você será muito maior do que quando entrou. Deus lhe garante isso.

Em Jeremias 29 Deus traz conselhos grandiosos para que se possa enfrentar o cativeiro. Muitas pessoas quando passam pelo cativeiro não fazem outra coisa que lamentar e culpar a Deus pelo que lhe aconteceu. Em Jeremias 29:5 Deus diz: "*Construam casas boas e duráveis; vocês vão morar nelas por muito tempo. Plantem pomares e esperem, porque vocês vão comer os frutos. Casem-se e tenham filhos e filhas; façam seus filhos e filhas casar, e consigam muitos netos. Não parem de crescer; aumentem a população de Judá em Babilônia! Orem e esforcem-se para haver paz na Babilônia. Enquanto ela estiver em paz, vocês viverão em segurança.*"

Algumas coisas nós podemos ver neste texto:

- 1 - Deus manda edificar casas duráveis, isto é, manda fincar bases sólidas. Mesmo em cativeiro você deve sempre ter bases sólidas.

2 - "Vocês vão morar nelas por muito tempo." Isto significa que eles deveriam tomar posse.

3 - Deus manda plantar pomares, isto é, eles deveriam trabalhar e serem produtivos.

4 - "Porque vocês vão comer os frutos." Mesmo em cativeiro Deus manda que seu povo usufrua do fruto de seu trabalho. Existem pessoas completamente escravizadas pelo desejo de acumular riquezas.

5 - Deus também manda ter filhos, casar, multiplicar; isto significa que mesmo em cativeiro eles deveriam crescer. "Crescei na graça e no conhecimento de Deus!"

6 - "Orem e esforcem-se para haver paz na Babilônia." Pode ser que você esteja enfrentando cativeiros, mas Deus lhe diz que mesmo assim você deve sempre buscar a paz com todos.

Maravilhoso é ver o que diz o verso 10. Deus diz ali que quando o tempo do cativeiro passar, Ele voltaria a dar atenção ao povo. Não importa o tamanho do teu cativeiro, saiba que ele terá um fim. Espere! Deus trabalha no *kairós*, o tempo de Deus; nós vivemos no *kronos*. Quando o *kairós* de Deus se cruzar com o *kronos* do teu sofrimento, saiba que algo maravilhoso irá acontecer. Deus irá livrá-lo do teu cativeiro. "Eu lhes darei aquilo que mais desejam."

Engraçado como a mesma coisa vista por ângulos diferentes pode ganhar uma dimensão completamente diversa. Sob a ótica de quem está passando pelo cativeiro o sofrimento é terrível, escravo, jogado pelos cantos, obrigado a fazer o que não quer, não podendo fazer aquilo que tanto deseja porque você não é dono do seu agir, incapaz de visualizar uma porta de escape ou possibilidade de libertação, a vontade de dar um fim em todo o sofrimento parece preencher cada pedacinho de pensamento que se tem e com isso o único desejo que sobra é a morte.

Porém sob a ótica de Deus o cativeiro é muito diferente. Isaías quando compara a maneira como o Senhor castiga a Israel e a seus inimigos, diz nos versos sete e oito do capítulo vinte e sete "por acaso Deus castigou a Israel tanto quanto aos seus inimigos? Não! Ele arrasou os inimigos mas a Israel só deu um castigo pequeno, levando os judeus como escravos para uma terra distante, como se tivessem sido carregados por um vento forte do leste".

Pode ser que pelo seu ponto de vista o teu cativeiro esteja sendo um sofrimento terrível que você não seja capaz de suportar, pode ser que a vontade de ver o fim de tudo nem que seja através da morte inunde o teu coração, mas saiba que Deus tem isso como um castigo pequeno porque aos inimigos ele arrasa. O que Isaías está nos dizendo é que não somos inimigos; somos servos, filhos, amigos de Deus. Por isso é que não fomos arrasados, porque Deus nos ama e quer nos perdoar de nossos pecados e purificar nossa vida de tudo aquilo que não provém do Senhor.

Na tempestade com Deus

Muitas vezes Deus faz com que seus servos passem por tempestades para serem tratados por Ele, enfrentando uma coisa que, muitas vezes, não conseguem entender fazendo-os passar por uma luta muito maior que eles.

Jonas foi um servo de Deus que enfrentou grande tempestade, não sem motivos, não sem razões. Jonas estava fora da vontade de Deus para sua vida e ele sabia muito bem disso, pois Deus o havia enviado para pregar a Sua palavra à cidade de Nínive, mas o coração de Jonas era duro demais para entender as razões de Deus.

Em sua dureza de coração ele preferia ver o povo ser aniquilado por Deus, sem qualquer oportunidade de salvação, mas Deus tinha outros planos para aquele povo, plano de salvação e de bênção.

O amor de Deus era grande demais para que Jonas fosse capaz de entender, ele não poderia conceber o pensamento de um Deus capaz de perdoar os pecados daquela cidade, mas Deus amava aquele povo.

Por não entender as razões de Deus e não atender à ordem recebida diretamente da parte de Deus, ele teve que enfrentar uma grande tempestade em sua vida, viu-se em meio a um problema muito maior que o que ele era capaz de enfrentar e entender, mas de uma coisa ele tinha plena certeza, aquilo era sua culpa, aquela tempestade estava acontecendo por causa de sua desobediência a Deus, e Jonas sabia exatamente o que deveria fazer.

Aplacada a ira de Deus contra seu erro e a dureza de seu coração, a tempestade passou; Jonas viu não só a vida da cidade de Nínive, mas principalmente na sua vida a graça e misericórdia de Deus. Ele foi liberto da boca do peixe; pôde então pregar a palavra de Deus e viu a graça de Deus perdoando aquela cidade que se arrependeu de seus pecados.

Hoje vemos muitas igrejas que procedem como Jonas: não são capazes de entender que Deus é um Deus de misericórdia capaz de perdoar os pecados do povo, e aniquilam a graça de Deus com um conjunto de regras que nem eles são capazes de obedecer, pensam que Deus deveria destruir a todo e qualquer pecador, se esquecendo da graça e da misericórdia demonstrada na cruz. Com suas regras hipócritas, tentam aniquilar a cruz de Cristo, enquanto Deus prova dia após dia seu amor maravilhoso para com o homem pecador fazendo-o provar da sua graça redentora.

Jonas passou pela tempestade para entender o amor grandioso de Deus e todos nós também passamos pelas tempestades por um motivo, devemos buscar a Deus pedindo sempre orientação para que possamos entender o motivo da tempestade. Quem sabe Deus não se compadecerá de nós como se compadeceu de Jonas e nos dê uma nova oportunidade de fazermos a Sua vontade.

Outros que enfrentaram grandes tempestades foram os discípulos. Quando eles atravessavam o lago se viram diante de grande tempestade, temeram e recorreram ao único que lhes podia salvar.

Algumas coisas preciosas podemos aprender com Mateus 8:23-26. Em primeiro lugar a tempestade se levanta de repente, na maioria das vezes não vemos quando os problemas surgem e como que do nada nos encontramos em meio a um vendaval.

Tempestades são assim, às vezes olhamos o horizonte e parece que tudo está calmo, mas de repente levanta-se a tempestade.

Outra coisa que vemos é que a tempestade é terrível, claro que é. Problemas sem um começo ou motivo aparente que se levantam contra nós sem que conheçamos as causas e muito menos como solucioná-los. Não importa o quanto se pense a respeito não se consegue explicação para as tempestades.

Além disso, a tempestade era maior que o barco em que os discípulos estavam. Assim ocorre conosco. Quando a tempestade se levanta parece maior que nós, ficamos assustados e temerosos. Amedrontados com esta coisa terrível que se abateu sobre nós pensamos que tudo irá se desmoronar sobre nossas cabeças.

Os discípulos aprenderam que a tempestade era terrível, e muito maior do que eles. Não importava o quanto eles tivessem experiência com o mar ou com o barco. Naquele momento, quando a tempestade se levantou era maior do que eles e, por isso, temeram muito.

Outra coisa que eles viram em meio à tempestade foi que quando se passa por problemas terríveis, olhamos para o lado e parece que Deus está dormindo. Questionamos por que o Senhor não nos livra, por que Deus não faz alguma coisa para nos socorrer, mas nada acontece, Deus parece estar dormindo. Mas eu quero lhe dizer o mesmo que o salmista: "eis que o nosso Deus não dorme nem cochila". Deus vigia como um guarda que está atento a tudo o que acontece com você. A Bíblia declara que Deus vê atentamente tudo o que acontece. Deus não vê de qualquer maneira, Ele vê atentamente.

Então eles clamaram a Jesus, buscaram ajuda no lugar certo e com quem podia realmente resolver o problema deles. Jesus podia resolver e Ele ainda pode. A palavra declara que Jesus se levantou. Eu quero lhe dizer que quando o nosso Deus se levanta Ele é maior que a tempestade. Você pode achar que a tua luta é grande, que o teu problema é uma grande tempestade, porém Deus é maior que a tempestade e Ele pode te livrar.

Jesus repreendeu o vento e tudo ficou calmo. Não importa o quão grande seja o problema ou a tempestade que tenha se levantado contra você, Deus vai se levantar e, Ele é infinitamente maior que a tempestade. Ele pode repreender o vento e tudo irá se acalmar, tudo ficará tranquilo de novo.

Embora eles tenham visto Jesus lhes dizer que eram homens de pouca fé, se você comparar com a outra tempestade que eles atravessaram você irá notar um fato muito curioso. Na primeira tempestade Jesus pergunta a eles onde estava a fé deles, na segunda tempestade Jesus declara que eles eram homens de pouca fé. Note que, mesmo sendo pouca, agora Jesus já podia ver alguma fé neles.

Tempestades são assim, produzem crescimento. Mesmo em meio a uma tempestade saiba que você sairá fortalecido dela, você vai aprender e vai crescer, estará pronto a enfrentar coisas e experiências mais profundas com Deus após a tempestade. Saiba que mesmo em meio à tempestade você deve olhar para Jesus e saber que Ele não está dormindo, Ele vigia por ti e está pronto a se levantar e te socorrer.

Cumprindo a vontade de Deus

Talvez esta seja a parte mais difícil de escrever de tudo o que já escrevi em toda a minha vida. Ao soar isso na minha mente eu não fazia ideia do quanto precisaria do Senhor para colocar algo no papel, mas graças ao Espírito Santo de Deus, Ele me inspirou para traçar algum raciocínio compreensível sobre o que me propus a escrever.

Pode ser que eu não consiga expressar tudo o que é preciso sobre isso, mas sinceramente espero que Deus tenha misericórdia de mim e me ajude na tarefa, por mais árdua que ela pareça.

É muito difícil tentar compreender como os servos de Deus na Bíblia confiaram em Deus em seus momentos mais difíceis, como é que eles conseguiram manter-se no caminho certo mesmo durante seus períodos mais tenebrosos de vida.

Não sei como tentar compreender o que moveu Abraão a se colocar na obediência a Deus com tão poucos esclarecimentos sobre o que deveria fazer durante sua caminhada. Se Deus tivesse lhe dito que lhe daria um filho e depois exigiria que este fosse sacrificado em holocausto Abraão pensasse que talvez fosse melhor ficar no meio de sua família e não dar ouvidos à voz de Deus.

Como é que podemos entender o que moveu Moisés a levar o povo para o meio do deserto, lugar de morte e de completo vazio como ele já conhecia muito bem?

Como entender o que moveu Daniel a manter-se na obediência a Deus mesmo sabendo que poderia ser lançado na cova?

O que será que impulsionou Davi a enfrentar o gigante sendo este muito maior e mais forte que ele?

Poderia citar aqui muitos outros sem conseguir concluir a lista, mas o que eu posso lhe esclarecer é que a única coisa que move o homem a permanecer na obediência é sua confiança incondicional a Deus, simplesmente por saber que Deus merece sua obediência e adoração independente da situação que enfrente. Por isso eu quero que você acompanhe comigo o que eu pude ver na vida de alguns servos que agiram assim.

"Então disse o Senhor a Moisés: Por que clamas a mim? Dize aos filhos de Israel que marchem". (Êxodo 14:15, Bíblia Viva)

Na Bíblia encontramos inúmeras passagens onde os servos de Deus enfrentaram situações de perigos extremos. Situações onde não havia qualquer possibilidade humana de livramento.

Felizmente, estas são as situações nas quais, Deus mais gosta de intervir. Ali não há qualquer espaço para o "eu" do homem vir à tona. Não importa o quanto o homem diga que confie em Deus, na grande maioria das vezes ele busca primeiro a sua própria capacidade para se livrar de situações de perigo.

Veremos alguns exemplos de pessoas que, passando por situações extremas de perigo e lutas confiaram em Deus e foram vitoriosas:

Moisés – No capítulo 14 do livro do Êxodo, Moisés está conduzindo o povo na sua saída do Egito quando chega às margens do Mar Vermelho e olha para trás e vê a Faraó e seu exército vindo em perseguição. Não havia para onde fugir. Por mais que Moisés pensasse não conseguia ver qualquer possibilidade de livramento, o povo começava a se lamentar. Foi aí que Moisés fez a primeira coisa certa: "clamou ao Senhor".

Em situações de extremo perigo ou luta a primeira coisa que você tem que fazer é se conscientizar de que, quando ninguém mais puder fazer alguma coisa, Deus pode, quando ninguém mais tiver condições de livrá-lo,

Deus tem. Mesmo com a ordem, aparentemente, maluca de Deus dizendo a Moisés que mandasse que povo marchasse para dentro do mar, Moisés fez a segunda coisa certa: "obedeceu".

Muitas pessoas não são libertas quando clamam a Deus em situações extremas porque não são capazes de acreditar que fazendo aquilo que Deus lhes ordenou elas serão salvas. Moisés marchou com o povo mar adentro, tocou com fé as águas do mar com o seu cajado e viu o milagre de Deus, milagre que somente o Deus El Shaddai poderia fazer.

Elias – O livro de I Reis conta a história de um homem que todos chamam de profeta, mas que a Bíblia apresenta apenas como "o tisbita". Elias não era um profeta, não era da escola de profetas, era um homem do povo que se viu em uma situação extrema. Não podia aceitar toda aquela idolatria que via em meio ao seu povo. Inconformado com isto enfrentou até o Rei Acabe.

Absolutamente só, Elias enfrentou um rei perverso, uma rainha idólatra, 850 profetas de um deus estranho, todos eles contra o "perturbador" Elias. Porém este homem estava na presença de Deus, movido por uma inconformidade com a situação de idolatria que o povo se encontrava, parecia loucura, mas Elias enfrentou a todos e viu o poder de Deus se manifestar, viu o fogo do céu descer e consumir toda a oferta de adoração que ele havia preparado para Deus. Elias confiou que Deus iria cumprir as palavras que estavam descritas no livro da lei e, mesmo tendo que passar por uma situação extrema, não foi envergonhado, Deus o honrou.

Jesus – Outro que passou por uma situação extrema em sua vida foi Jesus. No Getsêmani podemos ver toda a aflição que rondava o coração de Jesus, pois sabia o que lhe aguardava.

Chorando grande tormento, suando grandes gotas de sangue Jesus clamava ao Pai que fizesse passar dele aquele cálice, mas sua confiança em Deus suficiente para enfrentar seu futuro mesmo sabendo o que lhe esperava na cruz. Deus não o respondeu e Jesus sabia muito bem que a obra que Ele veio realizar tinha que ir até o fim, mas Deus esteve ao seu lado. Jesus se pôs a serviço do Pai e prosseguiu em sua caminhada rumo à salvação da humanidade sendo honrado grandemente pelo Pai depois de haver demonstrado a sua confiança.

Antes de chegar ao jardim do Getsêmani Jesus teve de atravessar o vale de Cedrom e mesmo contando a Deus toda a sua angústia e sofrimento, mesmo com a alma angustiada até a morte como Ele mesmo disse, mesmo suando grandes gotas de sangue, mesmo sendo abandonado pelos seus amigos que não puderam vigiar com ele naquela hora de dor profunda, Ele compreendeu que a melhor maneira de atravessar o vale ou passar pelo deserto ou enfrentar as tempestades era de joelhos aos pés do Pai.

Em Marcos quando Jesus ora a Deus ele diz "Aba Pai" maneira como os pequeninos chamavam seus pais, Jesus sabia que mesmo passando por sofrimentos terríveis Deus era seu pai e não o abandonaria naquele momento, foi neste momento de grande sinceridade perante Deus que Jesus viu que, mesmo que o Senhor não o livrasse daquele terrível sofrimento Ele enviaria o consolo e Lucas diz que Deus enviou um anjo para que consolasse Jesus. Saiba você também que mesmo que não veja a vitória na luta que você esteja enfrentando, uma coisa é certa, Deus enviará seu anjo para que lhe consolar e confortar, o teu Pai não lhe abandonará e não permitirá que você passe pelo sofrimento sozinho.

Poderíamos citar muitos outros, pois a Bíblia está cheia de exemplos assim. Paulo enfrentou todas as lutas mesmo sem entender. Ele se colocou nas mãos de Deus para fazer sua vontade, sem retroceder, sem desanimar, marchou em direção ao alvo que o Pai havia traçado para ele, mesmo sabendo que iria morrer por amor ao Deus a quem servia com tanta dedicação.

Daniel que enfrentou com todas as suas forças a cova dos leões, mas não recuou mesmo sabendo que poderia morrer. Confiou em Deus apesar de tudo o que lhe parecia desfavorável. Viu o nome de Deus ser exaltado pela boca do rei que o havia jogado ali.

Sadraque, Mesaque e Abedenego que mesmo na iminência de irem parar na fornalha não retrocederam, não poderiam desanimar, abrir mão de Deus e do amor que tinham por Ele, não se importavam se morreriam ou não. Deus os honrou passeando com eles dentro da fornalha e os honrou grandemente.

São exemplos como estes que nos encorajam a prosseguir. A luta está grande, prossiga. A batalha é grande, prossiga lutando. A tempestade está maior do que você, não desanime. Saiba que o seu Deus é muito maior que qualquer luta qualquer batalha e qualquer tempestade. Ele é o Deus a quem o vento e o mar lhe obedecem, que caminha na fornalha com você, que fecha a boca dos leões dentro da cova, que envia o Seu anjo para te livrar quando chegar o momento certo.

Podemos procurar em toda a Bíblia e nenhum exemplo mais refletirá obediência total a Deus do que Jesus Cristo. Ninguém expressou mais a sua obediência do que Ele e com seu exemplo podemos aprender tudo o que precisamos para compreender o que Deus quer de cada um de nós. Não importa o quanto você sofra ou as dificuldades que tenha que enfrentar, Deus quer que você obedeça a Ele até o fim, pois o fim não é o que você pode ver para você mesmo. Vou te explicar.

Jesus homem podia até olhar e ver para Ele a cruz, por mais que olhasse conseguiria enxergar aquilo para o que estava no mundo, Ele sabia que estava destinado à cruz do calvário, porém Deus tinha coisas muito maiores para Ele.

O homem Jesus olhava e via a cruz, Deus olhava e via um trono ao lado do Seu, trono que foi dado a Jesus mais tarde, após completar a carreira de obediência que Deus tinha para Ele. Jesus obedeceu, provou o gosto amargo da cruz, mas Deus o exaltou e lhe deu um trono onde Ele reina e reinará eternamente e lhe deu um nome maior que todos os nomes que existiram ou existem. O nome de Jesus traz vida, traz paz, traz salvação. Diante de Jesus todo joelho se dobrará, absolutamente todo joelho, reconhecendo toda a honra e autoridade que Deus sonhara para Jesus mesmo que Ele olhasse e visse somente a cruz que o aguardava, porém na presença de Deus muito mais estava esperando por ele.

Assim é para você. Talvez você olhe e veja somente sofrimento à sua frente, mas Deus vê muito mais para você. Deus vê o paraíso, Deus vê você na glória, na presença santíssima do Deus Todo-Poderoso. O que importa não é o que você vê para você mesmo, o que deve te mover cada vez mais avante na obediência deve ser o que Deus vê para você. Isso se chama fé.

Saiba aguardar pacientemente. Espere em Deus, você não morrerá, até ver cumpridas em tua vida, todas as promessas que o Senhor sonhou pra você!

Enfrentando lutas sozinho

Sob a perspectiva humana uma das primeiras impressões que se tem quando se está em meio a lutas tremendas é a de que Deus nos abandonou deixando-nos à própria sorte. Vou te apresentar alguns personagens que enfrentaram grandes lutas e sentiram-se em alguns momentos completamente abandonados pelo Pai.

Talvez não exista nenhum outro exemplo na Bíblia que mostre tanto aquilo que eu gostaria que você entendesse com este capítulo do que Jó. Ele é sempre o primeiro e maior exemplo quando se fala sobre sofrimento. Durante trinta e sete capítulos de seu livro não ouve uma só palavra do seu Deus.

Claro que ele continuava confiando e amando loucamente a Deus, mas como não questionar todo aquele silêncio? Como enfrentar toda aquela dor sozinho? Seu corpo, sua alma gritavam de dor e sofrimento e o Deus a quem tanto amava não se movia para mudar a situação. Seus amigos, para complicar ainda mais, aumentavam seus sofrimentos acusando-o de pecados e erros que ele sabia que não havia cometido, então por que Deus não mudava seu quadro?

Jó não sabia, mas mesmo assim continuava amando intensamente ao seu Deus, apesar de todo o silêncio. Jó havia aprendido que servir a Deus talvez te obrigue a enfrentar testes dolorosos e batalhas maiores do que se consegue imaginar ser capaz de vencer, ainda mais quando Deus parece ocupado demais para ouvir suas orações.

Para piorar as coisas para ele, além de seus amigos não ajudarem, sua esposa o incitava a abandonar a Deus. E muitas vezes é isso o que acontece quando sofremos, pessoas amigas e familiares nos perguntam por que não desistimos de Deus, mas o teu amor por Deus tem que ser maior que estas provas, você não pode desistir de Deus por maior que seja o teu sofrimento nem por maior que seja o silêncio de Deus.

Não desista, não pense que Deus não te ama, não pense que Ele não te vê nem sabe do teu sofrimento, porque Ele sabe muito bem exatamente o quanto está te doendo, mas é preciso que você entenda que Deus está sempre no controle de todas as coisas, só Ele pode e vai te ajudar quando chegar o momento certo.

Quando satanás pediu a Deus para tocar nos bens de Jó, Deus deu autorização até onde o diabo podia ir e ele foi até onde Deus permitiu. Quando o diabo pediu para tocar na saúde de Jó ele foi somente até onde Deus permitiu, porque Deus é quem está no controle de todas as coisas, e foi isso que Jó viu no fim de sua vida, que Deus tem sempre tudo em seu controle, não importa o quão mal as coisas estejam indo saiba que Deus tem tudo no mais absoluto controle e no momento certo Ele irá intervir, mudar a tua situação e te fazer sorrir novamente.

Outra pessoa a quem podemos citar quando falamos do silêncio de Deus é José. Aos dezessete anos ele ouve Deus lhe prometer grandes coisas, logo em seguida ele é vendido como escravo pelos próprios irmãos e passa a trabalhar como servo em casa de Potifar e é jogado na prisão, abandonado e esquecido.

Onde é que está agora aquele Deus das promessas de seus dezessete anos de idade? Será que pelo desenrolar da história de vida de José Deus havia mudado de ideia e resolvido dar as bênçãos prometidas a José a algum outro jovem hebreu mais afortunado que ele?

Treze anos foi o tempo que José teve que sentir o mais profundo silêncio de Deus. Que sofrimento não deve ter sido, ficar ali jogado naquela prisão sem qualquer perspectiva de ver se cumprir as promessas que Deus lhe havia feito no passado, mas José também aprendeu que Deus sempre tem tudo sob controle e ele saiu da prisão e da escravidão para se tornar o segundo homem mais importante da nação mais importante da terra em sua época.

Para Deus não há impossível nem o ilógico, Deus age assim para que o louvor e a honra sejam dados totalmente a Ele, somente a Ele e devemos aprender isso.

Não pense que os dias e noites de José não foram duros, com todo aquele silêncio de Deus. Passar por cada dia daqueles treze anos ali jogado, abandonado, esquecido pelo seu Deus, sofrendo tudo aquilo sozinho, nenhum sonho mais para relembrar ou confirmar a promessa feita lá atrás, nenhuma porta aberta que deixasse transparecer o mínimo movimento da parte de Deus.

Onde estaria Deus? Deus estava no controle e José aprendeu isso. Em um dia escravo e preso, no outro, sentado no trono ao lado de faraó. É a este Deus que você serve, Ele é o mesmo Deus e continua no controle da mesma maneira.

Mateus 26:47 começa a descrever o fim da história de Cristo na face da terra, falando da prisão de nosso Mestre logo após Sua longa batalha espiritual no Getsêmani, prisão efetuada por homens sem noção alguma do que estavam fazendo e por que estavam fazendo, prenderam o Rei dos Reis, traído por um amigo. Iniciava-se ali o sofrimento de Jesus por amor às almas humanas por opção própria.

Isto sem falar já no jardim onde Ele tinha sentido o silêncio de Deus após suar grandes gotas de sangue por amor de nós Jesus pediu ao Pai que o livrasse, mas Deus não respondeu uma única palavra, nada. Jesus, porém, sabia que deveria fazer a vontade do Pai.

Após ser julgado e condenado por homens pecadores e injustos, negado por seu servo e abandonado pelos seus amigos mais chegados, Jesus sentiu também o silêncio de Deus e viu o quanto isso doía fundo na pobre alma de homem que agora possuía. Na cruz, em meio a um sofrimento jamais enfrentado por alguém, ainda mais sendo justo pagando por erros cometidos por outros a quem tanto amava, chegou a gritar com grande clamor: "Deus meu, Deus meu, por que me desamparaste?"

Expressava através destas palavras a sua mais intensa dor, sentia falta da voz de Deus ao Seu coração, faltava-lhe o afago carinhoso do Pai, doía muito o abandono do Pai, talvez muito mais do que as lanças que lhe traspassavam o lado tirando-lhe o pouco sangue que seu corpo em fim de vida possuía, mas Ele sabia que deveria continuar amando e servindo ao Pai apesar do silêncio, somente assim Ele seria vitorioso.

Pela Sua fidelidade e amor irrestrito ao Pai até o fim, Jesus foi recompensado por Deus. O apóstolo Paulo, escrevendo em maravilhosa revelação aos Filipenses conseguiu descrever toda a plenitude da vitória alcançada por nosso Senhor e Salvador Jesus Cristo:

2:5-11 – *"De sorte que haja em vós o mesmo sentimento que houve também em Cristo Jesus, que, sendo em forma de Deus, não teve por usurpação ser igual a Deus, mas esvaziou-se a si mesmo, tomando a forma de servo, fazendo-se semelhante aos homens; e, achado na forma de homem, humilhou-se a si mesmo, sendo obediente até à morte, e morte de cruz. Por isso, também* **Deus o exaltou soberanamente, e lhe deu um nome que é sobre todo o nome; para que ao nome de Jesus se dobre todo o joelho** *dos que estão nos céus, e na terra, e debaixo da terra, e* **toda a língua confesse que Jesus Cristo é o SENHOR,** *para glória de Deus Pai".* (grifos do autor).

Muitas outras pessoas enfrentaram o silêncio e o abandono aparente de Deus na Bíblia, assim como hoje enfrentamos. Poderíamos citar a muitos outros, mas saiba que não é errado que você se desespere, que você pense que foi abandonado por Deus, pode ser que você esteja passando por um período de silêncio de Deus, mas saiba que Deus tem tudo sob controle e quando chegar o momento certo Ele virá em teu socorro e te salvará, mas quando isto acontecerá?

Sinceramente esta é uma pergunta para a qual eu não tenho uma resposta e não posso te dizer nada, talvez você tenha que esperar por muitos longos anos. Só posso te dizer que vale a pena continuar cultivando o teu amor a Deus, fazendo crescer a tua confiança neste Deus maravilhoso não se importando se as bênçãos são vistas ou não. Diga a Ele que você está mais interessado no Deus das bênçãos do que nas bênçãos de Deus, diga ao seu sofrimento que mesmo que o teu Deus não te abençoe e não mude nada na tua situação ainda assim você o amará.

Habacuque 3:17-18 diz: *"Porque ainda que a figueira não floresça, nem haja fruto na vide; ainda que decepcione o produto da oliveira, e os campos não produzam mantimento; ainda que as ovelhas da malhada sejam arrebatadas, e nos currais não haja gado; todavia eu me alegrarei no SENHOR; exultarei no Deus da minha salvação"*.

Esta deve ser também a tua oração, assim você deve demonstrar a tua confiança em Deus mesmo em meio aos problemas e tribulações, mesmo em meio a tempestades ou atravessando vales ou desertos, fazendo isto voe verá que mesmo que a tua situação não mude e você seja lançado na fornalha, ele estará lá dentro ao teu lado porque Ele não te abandona. Mesmo que Ele não mude a situação Ele te toma pela mão e passa pelo fogo ao teu lado, Ele atravessa contigo o deserto. Podem tentar te dizer que você está sozinho e você pode até pensar isto por causa do silêncio que você está sentindo, mas isto não muda o fato de que Deus está do teu lado e está no controle.

Não importa quanto tempo você passe no silêncio de Deus, na cova, no deserto, no vale, na tempestade ou no cativeiro. Deus não está distante demais para que não possa te ouvir. Ele te vê, Ele te ouve, e o mais importante, Ele te ama e tem tudo sob controle. A qualquer momento Ele pode mudar tudo, basta uma só palavra de Deus para que toda a sua situação mude por completo e você volte a ver as promessas de Deus se cumprindo em sua vida, e você volte a ouvir a voz de Deus e ver o agir d'Ele em sua vida, porque Deus tem tudo sob controle.

Vencedores sem vitória

Hebreus 11 de 35 a 39 traz, talvez uma das mais terríveis afirmações de toda a Bíblia, ali podemos ler sobre alguns que, mesmo fazendo parte da galeria dos heróis da fé, não alcançaram a promessa.

O texto declara diversos sofrimentos que estes servos de Deus enfrentaram. Torturados, não aceitando o seu livramento para alcançarem uma melhor ressurreição; escárnios; açoites; cadeias; prisões; apedrejados; mortos ao fio da espada; desamparados; aflitos; maltratados; errantes pelos desertos e montes e pelas covas e cavernas, contudo não alcançaram a promessa. Por que?

Apesar de todo este sofrimento Deus fala destes como homens dos quais o mundo não era digno.

Pela fé estes homens foram levados a enfrentar muito mais do que eram capazes, porque conseguiam ver, com os olhos da fé que algo muito maior lhes estava preparado. Deus lhes havia preparado algo muito melhor para eles e estes foram capazes de vislumbrar aquilo que estava preparado para eles, algo tão maravilhoso que os impulsionava a enfrentar o que quer que se levantasse contra eles. Não podiam abrir mão de Deus por maior que fosse o sofrimento que se levantava contra eles, nada lhes podia tirar a alegria de servir ao Rei dos Reis. Enfrentaram a morte até o fim porque olhavam para Jesus.

Mesmo alguns tendo vivido muitos anos antes do Mestre, foram capazes de fixar os olhos na cruz de Cristo e vislumbrando este amor tão grande não podiam abrir mão de Deus. Não lhes importava se muitas vezes se sentiam abandonados, Deus os consolava.

Se estavam escondidos em cavernas Deus os cobria com seu amor grandioso e lhes fazia sentir e ver o que lhes estava esperando, por isso foram capazes de viver a sua fé até o fim, mesmo que seu fim por muitas vezes tivesse sido um fim tão terrível aos olhos dos homens.

É preciso confiar que o Senhor, seja qual for a situação, está no controle de todas as coisas. Isaías 30:20 diz "embora o Senhor tenha dado a vocês o pão de sofrimento e água de aflição, Ele virá ficar ao seu lado – vocês verão seu Mestre com seus próprios olhos". É isto que o Senhor deseja de cada um de seus servos, que confiem em Sua libertação e ajuda mesmo que a situação lhes pareça de plena escuridão.

Muitos foram degolados, queimados vivos, morreram num terrível sofrimento sem jamais terem a vitória que tanto pregavam, mas morreram crendo que aquilo que lhes estava preparado era muito maior que qualquer vitória que pudessem ter aqui neste mundo. Vislumbraram e entenderam isto. Não poderiam trocar a alegria de entender o amor de Deus por uma bênção, por maior que fosse. Mesmo desejando ardentemente a bênção entenderam que prosseguir no amor e na obediência a Deus era, com certeza, a melhor escolha.

Infelizmente hoje, muitas pessoas servem a Deus apenas pela felicidade de receber uma ou outra bênção como se pudéssemos convencer a Deus de nossa santidade, como se Deus não fosse capaz de enxergar fundo em nossos corações. Pessoas que freqüentam as reuniões nas igrejas indo de igreja em igreja, correndo atrás de uma promessa ou palavra de profecia.

Buscam com todas as suas forças algum favor de Deus, mas pouco buscam a Deus.

Não há nada que eu possa fazer que convença a Deus de que eu sou santo ou merecedor de Sua bênção somente a Sua graça pode derramar sobre mim aquilo que Ele tem e quer para mim não importando se sou merecedor ou não.

Deus me abençoa porque Ele quer, não porque eu quero, quem decide é Ele. Ele me dará a vitória sobre meu sofrimento se Ele quiser, eu sairei vivo do deserto se Ele quiser, conseguirei atravessar o vale se Ele quiser, meu barco não naufragará na tempestade pela vontade de Deus.

É preciso que você entenda isso, não é você quem decide se será ou não vitorioso. Se você verá o livramento ou não é Deus. A soberania de Deus é algo que jamais deve ser questionado. Deus pode querer que você vá até o fim do sofrimento apenas com a visão do paraíso e se for isto que Ele tem para você esteja pronto para fixar seus olhos em Jesus.

Este é o segredo da verdadeira vitória, manter os olhos firmes na cruz, de lá sairá a tua vitória não importa o que lhe aconteça agora, continue lutando, pois se Deus tiver a vitória aqui nesta vida para você, esteja pronto para contar aos outros, pois saiba que Ele não tira ninguém da escola por acaso. Não foi assim com ninguém até hoje e não será com você.

Paulo, maravilhosamente inspirado pelo Espírito Santo de Deus disse que nenhum sofrimento é sem sentido, sofremos sim, mas em meio ao nosso sofrimento Deus nos envia o consolo. O Espírito Santo foi enviado como consolador e Jesus afirmou que este consolador estaria conosco todos os dias e não somente nos dias felizes e de festa. Porém Paulo complementa dizendo "para que com a mesma consolação vocês também consolem a outros que passarem pelos mesmos sofrimentos".

Em muitos momentos de minha vida eu tive a oportunidade de poder compartilhar com outros o que estava passando. Mesmo que eles enfrentassem problemas terríveis parecia que ver alguém que, como eles enfrentava situações de sofrimento e mantinha uma palavra de consolo lhes fazia enfrentar suas próprias lutas com mais ânimo. Mas também pude ser consolado por muitos que partilhavam comigo palavras muito inspiradoras.

Pode ser que Deus precise que você permaneça vivo mesmo em meio ao sofrimento para que você console a outros e compartilhe o que você sofre.

Deus é soberano sobre todas as coisas e é suficientemente poderoso para te livrar de qualquer situação. Deus pode te livrar do sofrimento, mas pode te livrar no sofrimento. Apenas mantenha firme o teu amor por Ele. Não desanime, pois o teu Deus é maior que todas as coisas e tem todas as coisas sob controle.

Mas se Ele não te tirar de lá do meio do sofrimento e da luta, esteja pronto para levar o teu testemunho até o fim, pois o amor de Deus por você vai muito além da luta, vai muito além da vitória ou da bênção. Mantenha os olhos firmes na cruz, é de lá que vem a vitória final.

Conclusão

A primeira coisa que se pensa quando surge o sofrimento e a tribulação é em desistir. A desistência é a primeira e maior demonstração de fraqueza, é a primeira atitude dos fracos e daqueles que não possuem coragem suficiente para enfrentar as lutas. É por isto que em Apocalipse Deus diz que os tímidos não herdarão o reino.

Mesmo que você seja uma pessoa que confia plenamente em Deus, sempre que se levanta uma tribulação se pensa em desistir. Eu enfrentei este sentimento em muitas situações, mas ao fim aprendi a dizer para o inimigo sempre que ele se levantar contra mim com este sentimento que ele deveria se retirar da minha vida, que não seria esta ou aquela dificuldade que me colocaria em um caminho diferente daquele que o Senhor desejava para mim.

Buscar o centro da vontade de Deus, esta é a postura que coloca a vontade de desistir pra bem longe de você.

Mesmo que o deserto seja duro demais, quente demais pra enfrentar durante o dia, frio demais durante a noite escura, por mais que você olhe e não veja vida alguma à sua volta Deus está ao seu lado. Mesmo que o povo de Israel fosse fraco espiritualmente para enfrentar o deserto da maneira como Deus gostaria que eles enfrentassem Deus não os abandonou, e quando os pecados deles fizeram com que Deus desejasse vê-los bem longe de Sua presença Moisés teve coragem suficiente para dizer ao Senhor o quanto precisava que Ele estivesse com eles naquela caminhada. Deus não os abandonou. Se deserto é lugar de morte e lutas, deserto também é lugar de milagres, de ver o poder de Deus se manifestar a cada instante. É no deserto que Deus irá tirar água da rocha pra matar a tua sede.

Pode ser que a tempestade que tem se levantado em sua vida seja imensa, muito além daquilo que você possa compreender ou enfrentar, mas não tema. Tudo o que Deus quer é que você busque n'Ele, forças para agüentar um pouco mais. Não sei o que você está enfrentando, mas uma coisa eu posso te dizer, Deus é aquele que pode te fazer dormir enquanto o barco da sua vida é lançado de um lado para o outro no meio da tempestade, Ele é aquele que pode caminhar por sobre as águas mesmo que elas sejam revoltas, Ele é infinitamente mais poderoso e pode ordenar que o mar se acalme para que você possa atravessar para o outro lado da margem e te levar para terra seca.

Se você estiver passando pelo vale, enfrentando lutas que jamais sonhou enfrentar, passando por dificuldades que se agigantam diante de você, confie em Deus que é poderoso para te guiar em meio ao vale e te fazer caminhar novamente de cabeça erguida.

Talvez você esteja enfrentando um cativeiro, preso por um problema que parece não ter fim. Vendo por todos os lados escuridão e sofrimento sem encontrar qualquer pessoa que seja que consiga aliviar a tua dor, dividir contigo um pouquinho da carga que você tem que levar.

Seja qual for o teu problema, por mais que você se sinta abandonado pela família, esposa, filhos, amigos ou irmãos da igreja busque ajuda de quem jamais te abandona. Olhe pro lado, pra cada momento em que você se sentiu jogado e você verá que, em cada situação, em cada momento de desprezo Deus esteve ao seu lado, exatamente como Ele está agora, pronto a te ouvir, enxugar as suas lágrimas e te dar o colo que você tanto deseja. Deus foi quem te fez e somente Ele conhece completamente todas as suas necessidades. Por mais que as situações possam sugerir que você foi abandonado por todos, com certeza Deus não lhe abandonou.

Eu posso lhe afirmar isto com todas as propriedades porque eu enfrentei todas as salas de aula que Deus tinha disponíveis para meu aprendizado. Graças a uma maravilhosa bondade do Senhor eu pude compreender tudo o que Ele queria de mim, aprendi com Ele que minha confiança deve estar posta somente n'Ele, que meus olhos devem sempre buscar por Jesus. Enquanto meus olhos estiverem firmes, em meu Salvador Jesus Cristo, eu não sucumbirei ante aos problemas e sofrimentos, não desviarei do caminho que Deus tem traçado pra mim. Sei que com Deus eu tenho tudo o que preciso, mas sem Ele em minha vida não importa o quanto eu tenha jamais terei paz para meu coração.

Deus tem sido a razão de meu viver desde que passei pelas provas, sinto que fui aprovado por Ele e hoje estou pronto para ser usado para compartilhar com outros as lições maravilhosas que pude aprender em suas salas de aula. Muita coisa, eu ainda não compreendo, e sou grato a Ele também por isto, pois isto me impulsiona a adorá-lo com todo o meu ser, confiar que Deus me dará a cada dia a porção de sabedoria necessária para que eu possa aprender a lição do dia.

Pode ser que amanhã, em algum lugar, alguém precise que eu compartilhe com ele algo que aprendi hoje, por isto é que estou sempre pronto a aprender um pouco mais com Deus.

Não importa o que Ele tenha pra me ensinar, se Deus estiver ao meu lado mesmo que a luta seja grande a vitória é certa. Isto não significa que sou invencível, mas com Deus ao meu lado eu sou capaz de enfrentar tudo aquilo que se levantar contra mim. Minha vitória já foi conquistada na cruz do calvário. A única coisa que tenho a fazer agora é crer que, com Jesus eu não preciso de mais nada na vida, pois Ele completará tudo aquilo que eu necessitar.

Existe, porém uma coisa que eu não poderia deixar de compartilhar com você ao escrever este livro. Deus não tem somente uma maneira ou lugar para ensinar aos seus filhos. Eu costumo dizer que Deus é Deus e Ele faz o que quiser, como quiser e quando quiser. Deus pode fazer com que você aprenda o que Ele deseja de muitas formas, porém a grande maioria de nós acredita que somente poderá aprender o que Deus deseja se viver na estreita de Deus, se passar pelo vale ou enfrentar o deserto, porém eu devo te dizer que não é assim. O desejo de Deus é que todos entendam o que Ele quer de cada um sem que seja necessário passar nenhum de seus filhos na peneira, você precisa saber que Deus não tem o sofrimento e a dor para seus filhos, muito pelo contrário. Deus deseja que você entenda que Ele deve ser o principal em sua vida, a primeira pessoa onde você irá pedir ajuda, o primeiro a quem você desejará compartilhar aquela vitória alcançada. Deus quer te ensinar e não é necessário que você passe por sofrimentos para aprender, mas Deus pode lhe ensinar em meio a vitórias e conquistas.

Quando Deus criou o homem Ele o colocou em meio a tudo o que criou e disse-lhe que ele deveria dominar sobre todas as coisas.

Eu quero lhe afirmar que Deus te criou para comer o melhor desta terra e não para viver no deserto. Deus pode até levar o seu povo ao deserto, mas deserto não é lugar de morar, antes é lugar de passagem. Mesmo que você esteja no deserto saiba que Deus está te levando para Canaã, lá sim é lugar de viver, lugar de comer o melhor da terra e é isto que Deus tem para você. Não almeje o sofrimento para aprender, aprenda sem que seja necessário sofrer, cresça em seu relacionamento e intimidade com Deus mesmo que não seja necessário que o mundo inteiro te abandone pra você ficar sozinho com o Pai. Deus não quer isto para você, Ele quer ser o princípio e o fim em tua vida, o primeiro mas você não precisa ter que perder tudo para descobrir isto, muito pelo contrário. Deus quer poder dizer de você como disse de Jó: "Ele é reto e teme a Deus, mais que a qualquer outra coisa em sua vida, o primeiro desejo dele sou Eu", e ter certeza absoluta de que mesmo que sejam lançadas sobre você as maiores lutas, Deus será sempre o seu principal motivo de alegria.

Coloque Jesus em primeiro lugar em sua vida e você também aprenderá com Deus tudo o que Ele tiver pra você. Que Deus te abençoe!

Obrigado!

Leia também:

PAULO, UMA FICÇÃO

Renato Alexandre

Introdução

Paulo – uma ficção trata de um drama que mostrará as aventuras do jovem pastor Paulo, personagem fictício baseado no apóstolo dos gentios, Paulo. A ideia para a criação da história veio por ocasião da leitura de dois clássicos, um deles *Evangelhos que Paulo jamais pregaria*, do autor Ciro Sanches Zibordi, publicado pela CPAD, no qual o autor faz uma alusão a como seria se o próprio apóstolo Paulo fizesse uma visita a nossas igrejas. A outra obra que me inspirou foi o livro *Eli: e se o Messias tivesse nascido em nossos dias*, do autor Bill Myers, publicado pela Editora Vida, no qual o personagem (fictício) Eli Shepherd, o Messias, que veio em cumprimento às Escrituras do Antigo Testamento, realiza milagres, ressuscita mortos e fala palavras grandiosas para as multidões.

Tenho total consciência da dificuldade de tirar o apóstolo Paulo de sua zona de conforto, isto é, do cenário bíblico, e transportá-lo para um cenário hodierno. Com isso, precisei despojar Paulo de todo conceito judaico a que ele estava ligado e isso trouxe um resultado que, julgo, poderia ter sido bem melhor.

Esta história é uma mescla de realidade com ficção, um mundo paralelo ao de hoje. Alguns nomes de pessoas e lugares foram mantidos, enquanto outros precisaram ser modificados por questões de melhor sincronia com o enredo.

Espero que, ao ler, você aprecie e perceba a mensagem que realmente quis transmitir com essa ideia.

O jovem pastor Paulo é um brilhante teólogo que, após um acidente grave em uma autoestrada, acaba em coma no hospital, onde é confrontado pelo próprio Jesus Cristo na cidade (fictícia) de Damasco. Desde então, sua vida foi transformada e ele passa a proclamar as verdades do evangelho as quais ele havia negligenciado por causa de fama, *status* e poder. Sua busca pela verdade o levará a se confrontar com aqueles que tanto haviam investido nele no passado, entre eles, o ambicioso Dr. Carlos Andrada, que queria construir um megatemplo de adoração para perpetuar seu nome na história da igreja como alguém que trouxe a glória de Deus para a grande e opulenta cidade de Damasco.

Ganância, traição, inveja, amor e ódio irão preencher cada página desta emocionante história de ficção. Em meio a tudo isso, a graça e o amor de Jesus Cristo podem transformar a vida de qualquer pessoa obstinada em alguém realmente submisso à sua vontade.

Esta é uma história fictícia baseada em fatos daquele que foi, depois de Jesus Cristo – a meu ver –, o maior homem que já andou nesta terra, o apóstolo Paulo. Qualquer semelhança entre esta história de ficção com a realidade é mera coincidência.

Capítulo 1
O chamado

A cidade de Damasco era maravilhosa! Uma das maiores cidades de toda a região. Naquela cidade, todos os moradores viviam suas vidas em paz, tranquilidade e harmonia. Um lugar realmente adorável para se viver. Ainda me lembro bem dos tempos passados, quando tudo era diferente. O sol iluminava os campos que circundavam o mercado da praça, as grandes macieiras que eram cultivadas por alguns cidadãos, os pássaros que se aninhavam sobre as árvores, o barulho das crianças que corriam em torno da fonte da praça, o comércio com sua constante agitação, as pessoas que sobreviviam do trabalho das grandes indústrias exportadoras de mercadorias no campo tecnológico, enfim, fico aqui lembrando com nostalgia nas palavras. Ela era conhecida também por ser uma cidade muito religiosa, tendo nela a grande sede da Igreja Nova Vida, a maior e mais poderosa instituição religiosa de que se tinha conhecimento. A Igreja Nova Vida era muito respeitada por todos os habitantes da região conhecida, até então, como Ásia Menor, tendo suas filiais espalhadas por toda aquela imensidão de território. Porém, essa mesma igreja era também conhecida por sua notória corrupção moral e espiritual no meio da cristandade e das demais pessoas residentes em toda Ásia. Seu antigo líder, o Dr. Carlos Andrada, com seu conselho de pastores, idealizou e pôs em andamento a construção de seu plano mais ambicioso: a construção de um megatemplo de adoração para os fiéis da Igreja Nova Vida. A parte boa era que todos teriam um lugar luxuoso para adorar a Deus; a parte má era que o dinheiro para a construção do templo vinha de forma ilícita! Líderes corruptos que pregavam um evangelho deturpado para angariar fundos para a construção, homens e mulheres que pregavam um evangelho de prosperidade e riquezas à custa do genuíno evangelho de Jesus Cristo, tudo isso para sustentar o sonho egoísta e ambicioso de um déspota que manipulava as pessoas para atingir seus planos.

A ganância dos grandes líderes religiosos não tinha fim, porém o mais triste era ver o povo que, ingenuamente, por falta de instrução bíblica, contribuía na esperança de prosperar na vida. Todos eram ludibriados, enganados, escravizados pelo jugo opressor da religião. Enfim, a imoralidade era a realidade dos bastidores desta que era considerada e respeitada como a maior instituição religiosa do mundo. Claro, sempre aparecem aqueles que se opõem à corrupção, e aqui, em Damasco, não foi diferente. Homens e mulheres levantaram-se contra o império do Dr. Andrada, alguns pagando com a própria vida, pois, como se dizia, "ninguém luta contra o escolhido e ungido de Deus!"; mas isso é um mero detalhe.

Tenho hoje quase sessenta anos de idade e pude contemplar grande parte daquilo que hoje lhe escrevo, meu velho amigo Teófilo, porém, o que eu não presenciei, pesquisei com aqueles que testemunharam e sei que posso confiar no testemunho deles. Bem sei, meu amigo, que você gosta das antigas histórias de heróis e bandidos, por isso, não tendo muita coisa que um velho como eu possa fazer, resolvi lhe escrever aquilo que se passou por aqui, pois lhe dará momentos de grande entretenimento, além, é claro, de lhe inspirar e ajudar na sua fé recém-adquirida.

Como toda boa história, há os vilões – os religiosos – e os mocinhos – aqueles que lutam pela causa do evangelho puro e genuíno de Jesus Cristo. E esses mocinhos tiveram seu expoente máximo na pessoa de meu antigo amigo: o pastor Paulo. Um exemplo de homem de Deus. Um homem íntegro, poderoso nas Escrituras, destemido, corajoso; enfim, em minha opinião, depois de Jesus Cristo, o nosso SENHOR, ele foi o maior homem que já vi pisar nesta Terra. Mas, nem sempre sua vida foi de se elogiar e admirar, pois como todo grande homem de Deus, ele tinha suas falhas, seus erros, erros pelos quais viria, posteriormente, a se arrepender.

Pois bem, irei lhe relatar, meu amigo, como tudo ocorreu e espero que aprecie a história.

Boa leitura!

♦

21h45. O ano é 2010. Em uma típica noite quente no Hospital São Judas, localizado na rua chamada Direita, da grande e famosa cidade de Damasco, uma ambulância chega a toda velocidade trazendo um jovem acidentado e quase morto.

A equipe de enfermagem adentra os corredores do hospital em direção à sala de emergência do pronto-socorro para os primeiros procedimentos.

– Atenção, emergência!... – grita a enfermeira, uma mulher forte de expressão, demonstrando verdadeira preocupação com o estado do jovem.

– Paciente gravemente ferido, aparentando 25 anos; pulsação baixa, oxigenação no sangue também baixa, sinais vitais caindo!

– Vítima de acidente com carro em pista molhada, abram caminho!

Neste momento um médico – muito bem vestido com sua camisa azul marinho, calça *jeans* e tênis – entra e, após medir os sinais vitais do paciente e fazer o primeiro atendimento, encaminha o jovem para internação na UTI – Unidade de Terapia Intensiva –, onde teria um melhor acompanhamento do quadro clínico.

Todos os pacientes e funcionários, nos corredores do hospital, estavam curiosos demais por causa do alarde anteriormente feito pela enfermeira sobre o estado crítico do paciente. A equipe de enfermagem adentra a UTI e logo acomoda o paciente no leito, ligando-o aos equipamentos de respiração artificial e monitoração dos sinais vitais.

Enquanto estava desmaiado, em razão do acidente, o jovem começa a ter algo que parecia mais com uma visão do que com imagens difusas de uma mente em choque.

– Paulo... Paulo... – uma voz se fazia ouvir na mente do rapaz.

– Pressão arterial: 7/5, pulsação 125, saturação de oxigênio: 80.

– O quadro clínico do paciente é instável – disse o médico.

– É verdade, o acidente foi tão grave que duvido que ele escape! – lamentou a enfermeira da UTI, com mais de 10 anos de experiência.

– *Paulo... Paulo... Por que me persegues?* – insiste a voz, cada vez mais poderosa.

– Qual o nome do paciente? – pergunta um dos médicos que estavam de plantão naquele dia.

– Seu nome é Paulo! – disse a enfermeira.

– Como sabem? – pergunta o médico que o avaliou no pronto socorro.

– Uma jovem, aparentemente a noiva do rapaz, foi chamada para dar entrada com a papelada toda, assim que o acidente ocorreu. Ao que parece, o rapaz portava uma pequena agenda contendo vários telefones de conhecidos seus. Não foi difícil localizar alguém próximo dele – responde a escriturária.

– Acha que seria bom deixarmos a moça subir pra ver o rapaz? – pergunta a enfermeira.

Claro – responde o médico. – Sendo sua noiva, é bom que ela venha se despedir do moço, pois não creio que ele escape desta. As condições dele não são das melhores.

Todos na UTI se entreolharam aparentemente preocupados com a reação da moça. Ainda temerosa, a enfermeira desceu o corredor até a sala de espera dos familiares e encontrou a noiva do rapaz, Helena – uma moça linda, com longos cabelos loiros e olhos azuis – sentada, apreensiva e assustada – esperando alguma notícia dos médicos.

– *Paulo... Paulo... Por que me persegues?* – asseverou a voz!

Paulo não conseguia entender nada. Ainda há pouco se lembrava de estar dirigindo seu carro, um Land Rover novo em folha, pela avenida movimentada da grande cidade de Damasco, quando, de repente... E agora aquela voz na sua cabeça. Não conseguia compreender o que se passava com ele – nem mesmo fazia ideia de estar deitado em um leito de UTI em estado crítico entre a vida e a morte. Estava por demais abalado para poder raciocinar direito. Como poderia ele, um jovem pastor de uma das igrejas mais poderosas e respeitadas da região, estar ali se sabe lá onde ouvindo uma voz "estranha" a ele em sua cabeça. Todos seus amigos de seminário diriam que ele ficou louco. O que mais deixava o jovem pastor confuso é que essa voz era ao mesmo tempo autoritária e doce. Uma mescla de firmeza e brandura como jamais sentira antes. Nem mesmo em seus anos de seminário, onde se destacou dentre seus colegas, ele conseguiu encontrar tamanha autoridade no falar vinda de homem algum. Seria possível que não fosse um simples homem lhe chamando? Confuso e meneando a cabeça, ele procurou afastar tais pensamentos de sua cabeça, mas quanto mais queria não pensar, mais essa sensação de firmeza e brandura lhe incomodava. Lá estava ele, um pastor brilhante com um futuro todo pela frente e agora nem mesmo sabia onde estava nem o que estava acontecendo. Exceto pela voz, não conseguia sentir mais nada. Foi aí que percebeu que não sentia nem mesmo seu próprio corpo também. Um medo começou a dominar-lhe enquanto procurava entender o que poderia estar acontecendo.

    Novamente a voz lhe foi dirigida, porém agora Paulo sentiu uma autoridade maior, como nunca sentira antes, vindo daquela voz. Meio acanhado e confuso, ele responde ao chamado da voz.

– *Paulo... Paulo... Por que me persegues?* – indaga-lhe a voz.

– Quem és tu Senhor? – pergunta Paulo.

– *EU SOU JESUS, a quem tu persegues!*

Um medo incontrolável toma conta do jovem pastor Paulo, que começa a chorar e soluçar compulsivamente...

Capítulo 2

Lembranças de um grande futuro

– Mas Espere! Estou me apressando demais. Preciso retornar no tempo um pouco para que você me entenda melhor! Perdoe-me, posso tentar mais uma vez?

Três meses atrás...

A grande cidade de Damasco era uma grande metrópole – das mais famosas de toda a região. Era um lugar agradável para se viver. Uma cidade muito famosa por sua hospitalidade e progresso científico-tecnológico. Uma grande exportadora de tecnologia para as demais cidades circunvizinhas. Nessa cidade opulenta, encontrava-se a glória da cidade, a grande e poderosa igreja cristã Nova Vida. Uma igreja muito rica que dispunha de mais de cinco mil membros e duzentos missionários espalhados pelo mundo. A Igreja Nova Vida era dirigida pelo respeitado Dr. Carlos Andrada, um pastor de meia idade, um homem de feições forte, sempre bem trajado com seu terno italiano, sua camisa de punho duplo e sua gravata de seda. Uma combinação impecável ostentava o ego desse pastor-presidente. O Dr. Andrada era também o responsável pelo seminário mais cogitado e procurado pelos jovens aspirantes ao ministério pastoral da região, o seminário bíblico Palavra e Fé.

Em seu gabinete presidencial, o Dr. Andrada analisava, entusiasmado, as credenciais de sua recém-descoberta e promessa de um futuro brilhante: o jovem pastor Paulo.

Paulo era um pastor vindo do interior, da maravilhosa e famosa cidade de Tarso. Um jovem de 26 anos de idade, de estatura mediana, cabelos e olhos castanhos escuros e boa presença. Tendo se matriculado no curso teológico do seminário Palavra e Fé, obteve as maiores notas, destacando-se entre todos os demais alunos por sua ótima técnica de oratória e por ter demonstrado uma capacidade racional e analítica impressionante. Sozinho, ele mostrou ter grandes conhecimentos das Escrituras Sagradas, o que impressionou até mesmo seus professores, que o elogiavam – para glória de seu ego – diante do reitor, o Dr. Andrada. Paulo era também noivo de uma moça de posição social privilegiada na sociedade, Helena, a filha do professor Dr. Marcos Tavares, professor emérito do seminário e também braço direito do Dr. Andrada. Dr. Tavares era um senhor alto, de postura elegante, com seus cabelos grisalhos e sempre bem vestido com seu terno alemão e gravatas de seda.

– Esse rapaz é realmente impressionante, Tavares! – exclamou o reitor.

Meio cheio de si por sua posição privilegiada e invejada pelos demais professores, o Dr. Tavares lança um meneio de cabeça como que concordando. – É verdade, o rapaz tem futuro!

– É de alguém assim que precisamos para liderar nossa maior campanha que mobilizará toda a cidade! – exclamou o Dr. Andrada, cada vez mais eufórico.

Era do conhecimento de poucos – apenas dos mais íntimos – os projetos que o Dr. Carlos Andrada vinha arquitetando há algum tempo. Planos de construir, no centro da grande Damasco, a maior catedral em honra aos mártires e profetas do passado que derramaram seu sangue pela causa do evangelho. Era um plano ambicioso, verdade – muitos o haviam já alertado que isso poderia atrair a reprovação da maior parte da comunidade cristã, não só local como nacional. Mas, o que importava? Esse seria um projeto audacioso que deixaria o nome do Dr. Andrada perpetuado na história da cidade como "o homem que trouxe a memória dos pioneiros da fé e trouxe a glória de Deus novamente à cidade!"

– Como faremos para convencer esse homem? – perguntou o Dr. Andrada.

– Isso eu posso cuidar – retrucou Tavares. – Ele é noivo de minha filha, Helena. Conheço o rapaz e sei quanto é obstinado quando persegue uma causa. Creio que será difícil convencê-lo, mas darei um jeito nisso, eu prometo – afirmou o assistente enquanto demonstrava um sorriso sarcástico.

– Eu quero esse homem do nosso lado, Tavares. Entendeu? Não importa os métodos que você use, eu o quero! – asseverou Dr. Andrada.

– Sim, claro! É claro que entendi meu amigo – responde um temeroso Tavares. – Mas, e se ele se recusar a cooperar conosco?

Dr. Andrada agarrou-se em sua mesa forçando tanto que os nós dos dedos já ficavam brancos. Olhou friamente para seu assistente de muitos anos e lhe respondeu – era possível sentir a tensão que se criara em torno da conversa:

– Não lhe dei uma escolha, pois ele precisa aceitar! Não vejo outro homem com um perfil mais ideal para liderar minha campanha. Não tenho mais a idade necessária para esse empreendimento – suspirou Andrada, um tanto frustrado com o tempo. Terminada a reunião, Dr. Tavares dirige-se a seu escritório no enorme prédio do seminário, deixando Andrada sozinho, pensativo e sonhador.

INFORMAÇÕES SOBRE NOSSAS PUBLICAÇÕES
E ÚLTIMOS LANÇAMENTOS

Cadastre-se no site:

www.editoraagape.com.br

e receba mensalmente nosso boletim eletrônico.

Ágape
AMOR INCONDICIONAL

Impressão Neo Graf